U0114403

奇幻五界

——神奇的白雪之莲

左左◎著

少年兒童出版社

作者介绍

嗨，亲爱的朋友们，大家好！我就是《奇幻五界》系列魔幻绘本的作者——左左。我的原名叫做戴宇汀兰，是一位小学四年级的短发女生。《奇幻五界（1）——神奇的白雪之莲》是我在三年级的时候绘著的，您喜欢我的原创绘本吗？告诉您哟，我就是绘本中的主人翁——小鹰的原型哦！

我七岁开始学习小提琴，虽然天分不高，但经过每天训练，目前比拉锯好一些了。我喜欢运动，虽然跑步奇慢无比，却还是喜欢

踢足球。我痴迷阅读，瞎编故事，酷爱画画，从幼儿园就开始创作短篇故事绘本，并每天坚持绘制成长日记，获得过一些小奖项，发表过一些小文章。

《奇幻五界》魔幻绘本第二部《消失的纯净水晶》，第三部《惊人的超级吃货》现在也已经基本完成了初稿的绘制，应该在不久的将来就能与大家见面，希望你们会喜欢。

再次感谢你们对绘本的喜爱，谢谢大家！

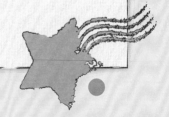

五界星来信

　　小朋友们心里是不是有这样一片天地：那里鸟语花香，小精灵们飞来飞去，宝石闪烁着晶莹的光芒……没错，这就是魔法世界。

　　你们可曾想拥有魔法呢？这本绘本将让你们去亲近神奇的五界星，认识仙、毒、妖、奇（怪兽）、鬼等五个种族。你们还可以结交可爱的小鹰、淘气的雪大哥、文静的冰冰、活泼的小金龙、好奇的小雁等好朋友。

　　《奇幻五界（1）——神奇的白雪之莲》，它将带你们去仙界寻宝，去鬼界探险，让你们实现自己的魔法梦！

左 左

2019 年 7 月 18 日

人物介绍

小鹰

妖界公主，拥有众多魔法，草仙学院三师妹，天真可爱，又有点女汉子的气势。

小金龙

仙界王子，拥有金、木、水、火、土五行魔法，草仙学院大师兄，特爱耍酷，有时会目中无人。

小雁

妖界小王子，拥有雪花魔法，小鹰的亲弟弟，性格顽皮。

死鬼

身世悲惨的鬼界平民，拥有鬼毒魔法，从小就失去父母。

冰冰

仙界富二代，拥有冰晶魔法，草仙学院四师弟，身材超胖，最喜欢看书和吃。

雪大哥

仙界平民，拥有变幻魔法，草仙学院八师弟，最爱吹牛，嗜好睡觉。

奇幻五界

——神奇的白雪之莲

在仙界，有一朵以光芒滋养着仙、毒、妖、奇、鬼五界生命的神花，它就是"白雪之莲"。

有一天，白雪之莲突然不亮了！

仙王非常着急，立马派人去传讯妖界公主小鹰。小鹰是仙界王子小金龙的师妹，虽说她是妖，但却十分善良可爱。她与小金龙是好朋友，经常在一起到处游走玩耍。

小鹰听说了这件事，连忙去仙宫拜见仙王。她说："陛下，我有一块医医石，是我们妖界的宝贝，它很神奇，能诊断各种异常病症。""哦，真的吗？那赶紧给白雪之莲诊断一下吧！"仙王说。"那真是太好了，白雪之莲有救了！"小金龙高兴地说。

诊断结果是鬼界在吸取白雪之莲的能量。要阻止鬼界的这种行为，使白雪之莲重新恢复光芒，当务之急是要到月亮城的"寂静仙林"取得月光仙丹。

仙王派小金龙、小鹰和雪花仙前往月亮城取仙丹。

　　进入寂静仙林后，小鹰感觉有人跟踪。回头细看，又没人。他们继续往前走。忽然，小鹰肩膀被人一拍，回头一看，见是一位仙子。仙子说："我是四大灵仙之首冰月仙。你们是来取月光仙丹的吧，在我这儿，你们拿去吧！"仙子说完，展开手掌，掌中正是洁白的月光仙丹。"谢谢！"小鹰兴奋极了，马上伸手要取。

这时，死鬼来了！死鬼是五界第一盗圣的徒弟，最爱抢夺。

"啊！"雪花仙见状，赶紧施法大叫着撞向死鬼。但是，已经来不及了，死鬼抢走了月光仙丹，瞬间法力大增。雪花仙使出冰冻法术，却被死鬼施法将法术反弹，把自己给冻住了。

死鬼拿着月光仙丹，乘机飞走了！小金龙和小鹰赶紧过来，要施法融化包裹在雪花仙身上的厚厚坚冰。"不过，雪大哥，你是雪系，还会怕冰吗？"小鹰停手笑问道。"哦，对呀！我自己可以脱身出来的。"发懵的雪花仙这时才恍然意识到自己就可以化冰。

"哎呀，死鬼太可恶了！啊啊啊……呀"
雪花仙自我解冻后，生气得在地上打滚，发狂大叫。小鹰只好唤出随身小精灵记录虫，来帮忙雪花仙平息一下情绪。

　　小金龙说：“我们得赶紧去鬼宫找到死鬼，拿回月光仙丹。”小鹰说：“我一个人去就可以，我是妖，对鬼界比较熟悉。你们先回去守着白雪之莲。”

小鹰到了鬼宫外面，径直走到圣鬼楼，她发现有两个风鬼守着鬼之石，一个是热风鬼，一个是冷风鬼，冷风鬼手里拿着的正是月光仙丹。冷风鬼说："热风，你去报告大王，月光仙丹已经拿到，鬼之石还在吸收白雪之莲的能量！""好！"热风鬼说完，飞身进了鬼宫。

热风鬼一走，小鹰想：这是个好时机。她冲了出来，大声呵斥道："把月光仙丹交出来！"冷风鬼"呵"了一声，轻蔑地说道："先打败我再说吧！"小鹰和冷风鬼各施法术，撕打在一块。冷风鬼没有肉身，各种击打魔法都直接穿身而过，丝毫不起作用。一时之间，小鹰的魔法没能占得上风。

　　"小鹰闪开，让我来收了他。"原来是四师弟冰冰闻讯赶来了。只见他手一伸一展，一个透明且冒着寒气的小冰盒浮在掌中，再五指一拢，冷风鬼便化着一道黑影没入盒中。

小鷹伸手接住冷風鬼掉落的月光仙丹。

小鹰来告诉小金龙，他们把拿到的月光仙丹给冰月仙看了，冰月仙说从冷风鬼那夺回来的月光仙丹是假的，那只是一块被涂了白色的冷石头。小金龙垂头道："哎，好不容易打败冷风鬼抢了回来，却是假的！"

回到仙宫，小金龙一直闷闷不乐。小鹰一边整理形容一边说："不要不开心嘛，一定还会有别的办法拿回月光仙丹的！"小金龙忧心忡忡地说："如果白雪之莲的能量完全消失，五界就会大祸临头了。""我们明天约小青龙去花儿城的香粉仙林，取些神奇花粉来试试，看看能否让鬼界吸取白雪之莲能量的速度减缓。""好，明天就去。"小金龙又兴奋起来。

为了节约往返时间，小鹰当晚就在仙宫住下了。

第二天，小鹰和小金龙共进早餐，早餐很丰盛美味，有鱼汤、鸡蛋、豆饼、菜叶等。都是小鹰爱吃的！他们吃得很开心。

吃过早饭，小鹰和小金龙约了小青龙一起前往香粉仙林。在香粉仙林，他们看见花灵仙正独自一人在那垂头叹气。

　　小青龙上去问个究竟，花灵仙告诉他们："鬼王作恶多端，香粉仙林的花儿被鬼界施法，全都枯萎了。火灵仙的热明仙林，水灵仙的海光仙林也受到严重破坏。现在，只剩四大灵仙之首冰月仙的寂静仙林，她的法术最强，创造的结界最坚固，才免遭破坏。"

　　"别急，我刚刚从太阳仙那里借来阳光普照万物生长法术，正好可化解这种鬼术。"小鹰说完，开始念咒施法："太阳啊太阳，给予我们光和能量，让万物生长！"瞬间，香粉仙林的花儿们又重新绽放了。

　　"来，神奇花粉给你们，不过要激发花粉神力，还需要去热明仙林拿火种。但是，那儿已经很久没有火种了，因为……"花灵仙还没说完，小鹰就说："因为鬼王的影响？！""嗯！"花灵仙应道。

　　为了寻找缘由，解决火种问题，小鹰一行还是来到热明仙林，只见原来到处都热力迸发的热明仙林，已经如冰河世纪一样被厚厚的白雪覆盖。在说明来意后，火灵仙说："我们这儿没有火种了，这里现在常年下着鹅毛大雪。""火灵仙不用着急，我们一起来帮助你寻找火种消失的原因。"小青龙说。

　　小鹰施展寻找魔法，顺着光的方向，她发现水纯宫外的千年冰川正在逐渐消融。导致热明仙林冰雪皑皑，火种消失的缘由难道在这里？

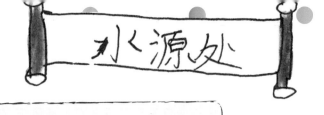

小鹰循声问道："怎么回事？"水灵仙忿忿地说："水纯宫的冰川融化，水质变脏，这都是鬼王干的好事！""别急，我们来帮你。"小鹰递给水灵仙一袋冰和一杯水。这是被施了魔法的种子，只要将它们洒落出去，就可以让冰川停止融化，水源逐渐变得清洁。

水源处

　　小鹰又问："热明仙林的火种消失又是怎么回事呢？"水灵仙说："我被鬼界攻击，鬼界把我的冰雪能量吸走后反射到热明仙林，导致那里火种消失，常年冰雪！"

这时，在宫外抛洒冰、水种子的冰冰冲了进来："冰种不够了！""我还有些能量，还能冻一点儿。"水灵仙赶紧说。

　　水灵仙刚把冻好的冰种交给冰冰，忽然，在宫外巡查的小金龙猛冲进来，一下撞倒了冰冰，"呀呀呀啊……"冰冰被贸然撞击后，失重后仰，手中的冰种几乎都掉地上摔碎了，不禁可惜地大叫起来。场面一时有……有些混乱！

这时，留在热明仙林的小青龙呢？冰冰在水纯宫外施洒冰、水种子后，水纯宫的冰雪融化已经慢慢阻止，水源渐渐清洁。有了冰雪的滋养，水灵仙将反射到热明仙林的能量逐步回收。同时，热明仙林热力慢慢恢复，漫天大雪开始停止，坚冰开始融化。趁此机会，小青龙赶紧施法加速融化了热明仙林的冰雪，拿到了可贵的火种。

鬼界大圣

在鬼宫，鬼王心情相当不好，冷风鬼被抓，案上还有三百张工作单要批阅。

鬼王派龙卷风去捉拿收走冷风鬼的冰冰。可是，龙卷风在奉命抓住冰冰的时候，为何流泪了？

小鹰和小金龙听说冰冰被抓，偷偷潜入鬼牢。开始，他们试图用冰和光的法术营救，但都打不开牢房。"要用宝石。"冰冰指了指牢房顶上空空的石孔，"宝石在龙卷风那儿。"

由于云儿可以幻化成云朵，又可以悄无声息地进入任何地方。小鹰和小金龙派云儿潜入龙卷风住处，拿到了宝石，顺利救出了冰冰。

他们回到仙宫，仙王说："用火种激发了神力的神奇花粉洒在白雪之莲的花蕊上后，已经减缓了鬼界吸收能量的速度。但要完全阻断吸收，恢复光芒，照耀五界，还是需要找到月光仙丹。"仙王拿出一份卷轴递给小鹰说："这是鬼宫的地图，据说月光仙丹就藏在一号宝物房。"

　　拿着仙王给的鬼宫地图，小鹰直奔妖王府。见到妖王后，她迫不及待地说道："父王，找到了，找到了，仙界有救了！"

众人翻开地图一看，发现鬼界军营就在一号宝物房旁边。"这太危险了！"妖王提醒。"不用担心，我是妖，他们不能拿我怎样。"小鹰说。

第二天一大早，小鹰就来到火宫，想邀请拥有火神之法的火凤凰一起前往鬼宫。正在擦剑的火凤凰听了小鹰的来意后，马上一起去找小金龙，要先去白雪之莲那看个究竟。

　　他们还约了冰冰一同前往。看到消散了光芒的白雪之莲，好奇的火凤凰正想伸手探查究竟，却被小金龙以雪火属性相克为由拦住。火凤凰觉得自己一片好心却被误会，非常生气，"唰"地就朝着小金龙扔出一把火种，小金龙早有防备，马上以法术回击将火种斩断并熄灭了。

　　火凤凰见施法失败，恼怒地展开翅膀飞身想走。冰冰想让火凤凰留下，以解开他和小金龙之间的误会，心急之下追上去撒出一把冰花。"冰冰，你这个笨蛋！！火可化冰，冰可冻火吗！！！"火凤凰以为冰冰帮小金龙攻击自己，更加恼怒地说道，并向冰冰掷出一团万年烈火，冰冰受伤倒地。想上前劝解的小鹰也灼伤了脸部。

小金龙赶紧把冰冰和小鹰交给雪花仙，雪大哥用冰雪魔法帮冰冰去除烈焰之气，并用冰雪晶治好了小鹰脸部的烧伤。

由于前往鬼宫的得力助手火凤凰生气离去，恰好草仙学院又到了开学的日子，小鹰一方面需要寻找其他助手，一方面也想看看能否在学院师兄弟的帮助下寻救治白雪之莲的其他方法，便将前往鬼宫的时间往后推迟了。

隔了一个假期没见，一见面大家都很兴奋，雪花仙使出变换魔法，把自己变成了猫脸怪。

　　课后，十个师兄弟姐妹都溜进了图书馆，把有关历史、花草的书籍统统搬出来查阅，可惜，都没有看到关于救治白雪之莲的线索。

正当大家一筹莫展时，小青龙搬来一个巨大卷轴，上面写着《白雪之莲记录册》，小金龙马上凑过去翻看。

白  雪

（一）
补充能量
①将花粉与水混合。
②倒在月光仙丹上。
把仙丹放在白雪之
莲的花蕊上。

（二）
阻止吸收者
①把吸收根源切断
②补充能量。

之 莲

《白雪之莲记录册》上写道：要拯救白雪
之莲必须封印鬼王。"令人头疼啊，方法虽然
有了，但封印鬼王可不是一件容易的事。""让
我再去试试偷袭！"小鹰摩拳擦掌地说。

　　小鹰偷偷潜入乌漆嘛黑的鬼宫，正要施展暗夜视物无障魔法，"砰"的一声，不知被谁一掌击中，昏倒在地。

　　见小鹰去了许久还没有回来，小金龙很是着急，便把事情报告给师父。师父利用光波探测石找到了小鹰的位置。

小金龙趁着黑夜，偷偷溜进鬼宫，找到了关押小鹰的牢房，把以前云儿从看管宝石库的龙卷风那偷来的蓝宝石，安放在牢房石锁的位置，将小鹰解救了出来。

　　小金龙将小鹰背回妖宫，急切地问医生伤势如何。医生说："小鹰公主中了蜘蛛法术的毒，很危险，只有毒界的宁清草才能够救治。但是，由于没有白雪之莲的光芒照耀，毒界的宁清草基本都已经枯死了！"小金龙想起仙宫刚好还珍藏有一株宁清草，便回仙宫取了来。

吃了宁清草，小鹰终于醒了。弟弟小雁来看望小鹰。小雁正在长妖牙，牙龈痒痒，拼命咬小金龙的手，咬得小金龙哇哇大叫。

小鹰休息了一会儿，感觉舒服多了，便换了衣服和大家一起玩。小雁调皮，施展飞行术，在空中到处乱窜，小金龙怎么也抓不住他。

玩着玩着，小雁饿了。小金龙和小鹰一起喂小雁吃完东西，便一块儿走出宫门，吸收天地间的能量，以使身体快些恢复。

此时，妖宫外面下起了鹅毛大雪。雪大哥正让冰冰睡在雪云上，飘浮在空中吸收冰雪之精气，以彻底清除之前被火凤凰灼伤时残存在体内的烈焰之气。

　　突然，"砰"的一声巨响，奇界闯祸精丸子从高空投下一个巨型丸子，把漂浮在空中凝神修炼毫无防备的冰冰砸落下来。

还好，路过的明月仙子接住了冰冰。冰冰虽然没摔伤，但被巨型丸子砸中腿部，哇哇大叫个不停。小鹰只好说:"把他放在我背上吧！我驮他回去。"小金龙在冰冰背后贴出搞笑告知书：已肥胖！

于是大家都飞身空中，只有冰冰坐在小鹰翅膀上，光顾着笑，完全没有要自己飞翔的意思。大家都笑他："如果你再不自己飞，你将不是已肥胖，而是肥胖超标啦！"

　　"哼！"冰冰发出一个鼻音。他并不知道，热风鬼马上就要来了。

热风鬼突然出现。冰冰一出手就打败了她。"啊啊啊，我可是美少女啊！你怎么能打我呀！"落败的热风鬼躺在地上撒泼打滚大叫。

火灵仙潜入火牢，恰好遇到看管牢房的火魔要对冰冰使地狱火炼法术，她赶紧呵斥道："大胆火魔，胆敢伤害我的朋友！"火魔与火灵仙各施魔法，比拼火力。没有几个回合，火魔败下阵来。

　　冰冰被火灵仙救出来后，正愉快地在路上走着。忽然，冰精灵绒绒半路蹦了出来，说："我成功度过了休眠期，不再是绒球了。""太好了，以后你就可以自己织绒吸收能量了。"冰冰说。

　　回到冰宫，丫环冰不拉吧对冰冰说："冰王子，冰荷公主生病了！""什么情况？怎么好好的生病啦？"冰冰问。

冰冰来看望妹妹冰荷，说："妹妹，你是不是中毒啊？"站在旁边的冰御医可乐冰说："是啊，我的王子。"冰荷护身丫环雪碧冰说："御医说可以用毒界的宁清草解毒。"

冰冰为了给妹妹解毒，冒险来到毒界的魔山寻找宁清草。由于白雪之莲光芒消失，毒界的宁清草也已经很难找到了。找了几天几夜，终于发现一棵宁清草。可是，坏心肠的死鬼也发现了宁清草，并要施法毁坏宁清草。见状，冰冰马上冲上前，呵斥道："住手，不许伤害宁清草。"

死鬼飞快地拔走了宁清草，挑衅说道："有本事你来抢啊！"她伸手施法，直奔冰冰方向过来了。冰冰不肯示弱，同死鬼打了起来。

正在冰冰与死鬼打得不可开交的时候，小鹰出现了。她张开双翅飞起身，"嘭"的一下踢飞死鬼。他们抢到了宁清草，医治好了冰荷公主。

能量课上，师父教大家做能收集能量的云彩沙。

晚上，小金龙突然从窗户穿进来，把冰冰和雪大哥吓了一跳。

小金龙带来的盒子里装着一粒珠子，并捎来师父的通知，要求大家明天凌晨三点到大堂集合。

　　深夜，雪大哥已经睡得七仰八叉了，冰冰却安静地思考着什么，没有睡着。

　　三点到了，冰冰和雪大哥来到大堂，小金龙已经到了。师父说：“你们要去鬼宫，我帮你们请了帮手。”“是我呀！”小鹰突然出现说。

真是冤家路窄，小鹰、小金龙、冰冰、雪大哥一行才潜入鬼宫的门，就撞上了死鬼。

雪大哥的魔法能看透人心，他说死鬼其实并不坏。于是，小鹰拿出净化神器——红宝石，施法净化了死鬼。这次半夜突击虽有收获，但是由于死鬼突然出现耽误了时间，还是没能找到机会伏击鬼王。

　　回到草仙学院后，师父告诉小鹰："要打败鬼王，阻止他继续作恶，若你和弟弟能联手使出'冰天雪地'法术，再辅以小金龙、冰冰、雪花仙之力，或许能达成。"

听从师父的建议，小鹰和小雁合力施法，小金龙、冰冰、雪花仙在旁协助，果真把鬼王打败了，鬼王"现出原形"。

　　小金龙上前一步，化作一条金龙升到空中，念起咒语："龙族的圣仙，以我的龙角为证，帮我启动龙族封印，封住作恶的鬼王……。"小鹰与小金龙一起把鬼王封印在龙族的封鬼石内。

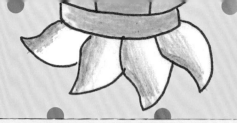

　　小金龙真身降落地面，已是满头大汗，封印大法需要消耗很多能量。不管之前遭遇了多少困难，现在大家终于成功降服了鬼王，都开心极了！

　　仙王将从鬼界取回的月光仙丹放在白雪之莲的花蕊上，白雪之莲终于重放光芒。在白雪之莲的照耀下，五界枯萎的草木重新抽枝发芽，凋零的花朵再次绽放，各界人民载歌载舞，高兴地欢呼着……欢呼着……

左左心语

　　首先，我非常地感谢为这本故事绘本付出、并且帮助我的每一个人，谢谢！

　　写这个故事和绘画这本书，我遇到了很多很多的困难和麻烦。在学习时，我要利用作业之余抽空画图、写故事，常常到深夜还不敢休息；故事写草稿修改阶段，总是要一遍又一遍地构想、浏览、推敲、一次又一次地反复修改；故事情节和表达上，也要反复想着不同人物的情景和人物的性格等。但是，面对同学们的热切期待，爸爸妈妈的再三鼓励，老师们的殷殷教诲。我觉得再苦再累也是值得的！我不想辜负亲朋好友的希望，我要坚持下来！

　　创作虽然艰苦，但是也有欢乐！我与同学们平日里有进行热火朝天的讨论，画作初成得到了老师和家长的欣赏……这些都让我的心里暖洋洋的！

　　各位读者，绘本创作会继续，下一季将会有更加好玩和刺激的场面和情节哦！《奇幻五界（2）——消失的纯净水晶》，它将让我们认识神秘高冷的水灵仙，走进晶莹剔透的水纯宫，寻找纯洁无瑕的水晶。

　　敬请期待！请多多指导！

戴宇汀兰

2019 年 9 月 30 日

国家图书馆出版品预行编目资料

奇幻五界——神奇的白雪之莲 / 左左 著
--初版-- 台北市：少年儿童出版社：2020.10
正體題名：奇幻五界—— 神奇的白雪之蓮
ISBN：978-986-97136-3-4（精装）

859.9   109014211

奇幻五界——神奇的白雪之莲

作　　者：左左
主　　编：张加君
美　　编：塗宇樵
封面设计：塗宇樵
出 版 者：少年兒童出版社
发　　行：少年兒童出版社
地　　址：台北市中正区重庆南路1段121号8楼之14
电　　话：(02)2331-1675或(02)2331-1691
传　　真：(02)2382-6225
E—MAIL：books5w@gmail.com或books5w@yahoo.com.tw
网路书店：http://bookstv.com.tw/
　　　　　https://www.pcstore.com.tw/yesbooks/
　　　　　https://shopee.tw/books5w
　　　　　博客来网路书店、博客思网路书店
　　　　　三民书局、金石堂书店
经　　销：联合发行股份有限公司
电　　话：(02) 2917-8022　　传　真：(02) 2915-7212
划拨户名：兰台出版社　　帐号：18995335
香港代理：香港联合零售有限公司
电　　话：(852)2150-2100　　传真：(852)2356-0735
出版日期：2020年10月 初版
定　　价：新台币280元整（精装）
ISBN：978-986-97136-3-4